Arno Dähling

Weihnachten

Die Poesie der Krippe

Literareon

FSC
www.fsc.org
MIX
Papier aus verantwortungsvollen Quellen
FSC® C083411

Bibliografische Information der Deutschen Nationalbibliothek:
Die Deutsche Nationalbibliothek verzeichnet diese Publikation
in der Deutschen Nationalbibliografie.
Detaillierte bibliografische Daten sind im Internet
über http://dnb.d-nb.de abrufbar.

Titelfoto: H. Ehrler Platz, Bad Mergentheim

Printed in EU
Literareon im Herbert Utz Verlag GmbH
Tel. 089 – 30 77 96 93 | www.literareon.de

ISBN 978-3-8316-1832-3

Inhalt

Zu Beginn

Die Tage um Weihnachten sind für mich eine heilige Zeit. Meine Texte machen das hoffentlich deutlich. Ich kreise in meinen Gedichten um den biblischen Bericht von der Geburt Jesu in Bethlehem.

Genauerhin steht das Weihnachtsevangelium nach Lukas, so wie es in den Kirchen bei der Christmette verlesen wird, im Mittelpunkt. Ich erlaube mir jedoch, diese Erzählung auf meine Art zu verfremden. Einmal ist es der jüngste Engel, Bert mit Namen, der den Kristallisationspunkt abgibt. Dann sind es die Hirten oder die beiden Tiere, Ochs und Esel. Die zweite biblische Darstellung, nach Matthäus, findet ihren Niederschlag bei den Weisen aus dem Morgenland. Meine Geschichten sind poetischer Natur. Wie überhaupt die ganze Szenerie der heiligen Nacht im besten Sinne den Geist der Dichtung atmet.

Gelegentlich konnte ich meine Verse einem Publikum vortragen. Die Resonanz ermutigt mich, sie nun weiterzugeben. Ich halte dafür, dass es guttut, sich bei Weihnachtsfeiern an den Ursprung des Festes zu erinnern. Kulturfremde Einflüsse führen allzu leicht zu weiterer Kommerzialisierung der alten Bräuche. Nichts gegen Geschenke und Weihnachtsbäume. Sie sollten jedoch zum zentralen Motiv, nämlich der Krippe, hinführen, nicht davon ablenken.

Ich füge meinen vier Weihnachtsgeschichten einige kurze Texte bei, die je für sich das zentrale Motiv, die Geburt des Gotteskindes, ansprechen. Es hat mir Freude gemacht, die Gedichte zu erarbeiten. Und es macht mir ein weiteres Vergnügen, sie zu veröffentlichen.

Arno Dähling

Advent

Vier Kerzen auf dem Tannenkranz.
Die Erste darf jetzt brennen.
Man kann in ihrem schönen Glanz
das Fest bereits erkennen.

Die Kerzen sprechen, wird erzählt.
Es leuchtet schon die Zweite.
Die heil'ge Weihnachtszeit erhellt
die Dunkelheit auch heute.

Wir schaun der Kerzen milden Schein.
Inzwischen brennt die Dritte.
Wir lauschen in die Nacht hinein,
vernehmen leise Schritte.

Ein unsichtbarer Engel will
das vierte Licht entzünden.
Und alle Kerzen strahlen still,
bis wir die Krippe finden.

Der Barbarazweig

Ein echtes, kleines Wunder trägt
der dürre Kirschzweig unscheinbar
in seiner Knospe angelegt.
Noch nimmt das Auge es nicht wahr.

Nur angedeutet bleibt bis jetzt,
was künftig sich ereignen soll,
und ist doch schon ins Werk gesetzt,
verborgen und geheimnisvoll.

Wir stehen staunend, wenn sich bald
die helle Blüte öffnen wird,
wenn uns Maria dergestalt
zur heil'gen Nacht ihr Kind gebiert.

Der jüngste Engel

Der jüngste Engel – er hieß Bert –
war recht vergnügt und unbeschwert.
Mit Leidenschaft sang er im Chor
und trug die Himmelslieder vor.
Er war begabt, und außerdem
klang seine Stimme angenehm.
Das Flair an Gottes Thron! Er fand
das ungeheuer interessant.

„Wir fliegen heute Abend fort.
Unser Ziel, der Einsatzort,
ist Bethlehem in Israel."
Soweit der Engel Gabriel,
der der Chordirektor war.
„Amen!", sprach die Engelschar.
Alle checkten ihr Gefieder
und stürzten auf die Erde nieder.

Ein wenig Hin und Her und schon
stand die gewohnte Formation.
Insgesamt warn's etwa hundert.
Die meisten schüttelten verwundert
ihre Köpfe, ihre Locken.

Man sah dort ein paar Hirten hocken.
Das war das ganze Publikum.
Eins von den Schafen blökte dumm.

Die Männer waren schlecht gelaunt,
doch andererseits sehr erstaunt,
als Gabriel sich an sie wand
und gute Worte für sie fand.
In diesem sonderbaren Fall
ging es anscheinend um den Stall.
Der Schuppen für das Vieh sei jetzt
von einem Wickelkind besetzt.

Das alles klang sehr ungewöhnlich.
Die Botschaft war jedoch versöhnlich.
Gott Vater habe sich entschieden.
Er mache mit den Menschen Frieden.
Den Hirten könne das nicht schaden.
Sie seien sogar eingeladen,
um Vorbehalte abzubauen,
das Baby selber anzuschauen.

Die rauen Männer nickten stumm.

Da drehte Gabriel sich um,
um seinen Chor zu dirigieren
und ein Musikstück aufzuführen.
Er wählte aus dem Repertoire
das wohlbekannte „Gloria“,
ein wahrhaft himmlischer Gesang,
der ganz besonders festlich klang.

Die Luft war voll von schönen Tönen.
Die Hirten mussten sich gewöhnen.
Statt noch länger rumzuhocken,
machten sie sich auf die Socken,
um zu dem Schuppen hinzugehen
und das Wickelkind zu sehen.
Da's keine weit're Arbeit gab,
flogen die Engel wieder ab.

Zurück blieb einzig Gabriel
mit dem kleinen Bert. „Komm schnell“,
sagte der Große zu dem Kleinen,
„ich habe da für dich noch einen
speziellen Auftrag, nur sofern
du magst, nicht wahr, du singst doch gern?!“

Der kleine Engel, Bert mit Namen,
rief vor Freude: „Klar doch! Amen!“

„Die Leute in dem Schuppen sind
Maria, Josef und das Kind.
Ich kenne sie. Sie sind sehr nett.
Sie wohnen sonst in Nazareth.
Die junge Frau hat heute Nacht
ihr Baby auf die Welt gebracht.
Josef will es adoptieren.
Ich möchte ihnen gratulieren.“

Der kleine Engel, Bert, verstand.
Der Große nahm ihn bei der Hand.
Sie gingen los, und zwar zu Fuß,
weil man auf Erden laufen muss,
und fanden schon nach kurzer Zeit
jenen Ort. Es war nicht weit.
Von Josef selbst hereingebeten
durften sie den Stall betreten.

Die Hirten waren auch schon da.
Das war’s, was Bert als Erstes sah.

Maria lag auf einem Brett.
Das diente ihr vorerst als Bett.
Da sich, wo die Hirten standen,
ein Esel und ein Ochs befanden,
gab es wegen dieser Enge
dort ein ziemliches Gedränge.

Das Kind, in Windeln eingehüllt,
wurde im Moment gestillt
und dann, von Josef sanft umhegt,
in ein Nest aus Heu gelegt.
Gabriel hob seine Hand.
Das Einsatzzeichen! Bert verstand.
Er musste sich zuerst verbeugen,
um nun seine Kunst zu zeigen.

Er sang, wie er noch nie gesungen
die Melodie, sehr fein geschwungen,
gelöst und leicht, aus voller Kehle,
wunderschön, mit Leib und Seele,
zuerst ein A, recht langgezogen,
gefolgt von einem schnellen Bogen,
dann noch ein A – mit E gepaart:
„Ave, ave Maria zart".

Die Hirten lauschten andachtsvoll.
Wie Bert das machte, einfach toll!
Auch Josef war ganz hingerissen
von dieser glockenhellen, süßen
Engelstimme, und sein Blick
strahlte jetzt vor lauter Glück.
Maria aber war erschöpft.
Sie wirkte etwas zugeknöpft.

Das Neugeborne lag noch wach.
Gabriel, der Große, sprach:
„Ich will es euch nun offen sagen,
dann erübrigen sich Fragen.
Allein Maria weiß es schon:

Dieses Kind ist Gottes Sohn.
Von ihm bekommt es seinen Namen.
Es soll ‚Jesus' heißen. Amen."

Maria lächelte entspannt.
Jetzt war's heraus. Jetzt war's bekannt,
und es war kein Geheimnis mehr.

Die Hirten wunderten sich sehr.
Josef schoss es durch den Sinn:
„Wenn ich auch nicht der Vater bin,
will ich doch gerne dafür sorgen,
dass es sich wohl fühlt und geborgen."

Bert betrachtete das Kind.
Er ging und kniete sich geschwind
zu ihm auf die Erde nieder.
Er dachte an die schönen Lieder.
„Ich könnte eines davon singen
und dich dadurch zum Schlafen bringen."
So sang er ihm ein Wiegenlied.
Auch die Hirten brummten mit:

„Schlafe, mein Prinzchen, schlaf ein!
Draußen beginnt es zu schnei'n.
Dich aber, mein Prinzchen, so klein,
hüllt Liebe und Zärtlichkeit ein.
Da kannst du ganz unbesorgt sein.
Drum schlaf jetzt schön!
Schlaf jetzt schön ein!"

Bert beendete die Weise
sehr behutsam, sanft und leise.
Das Neugeborne aber schlief
inzwischen richtig fest und tief.
Bert hatte das sehr gut gemacht.
Es war die erste Heil'ge Nacht,
die Nacht, bei der wir alle spüren,
wie Erd' und Himmel sich berühren …

Sankt Nikolaus

Der Bischof von Myra, Sankt Nikolaus,
geht durch die Straßen, von Haus zu Haus.
Die Zeiten sind schlecht, und tief ist die Not.
Es fehlt an allem, sogar an Brot.

Der Bischof fühlt mit. Er lässt sich ein,
beeilt sich, den Leuten zur Seite zu sein.
Er hilft den Armen, so gut er kann.
Das sieht er als seine Sache an.

Der Bischof trägt meistenteils huckepack
auf seinen Schultern den großen Sack.
Die kleinen Kinder, Mädchen und Jungen,
kommen natürlich als Erste gesprungen.

Der Bischof holt gute Sachen heraus
und teilt sie an alle Bedürftigen aus.
Er hofft im Stillen, dass jeder, beschenkt,
auch an den Vater im Himmel denkt.

Der Bischof verdeutlicht durch die Tat,
dass Gott ein Herz für die Menschen hat;
ja, mehr noch, er liebt sie so unbeirrt,
dass Jesus zur Weihnacht ein Menschenkind wird.

Weihnacht

Der Lichterbaum
trotzt tiefer Nacht,
schenkt einen Traum,
der Hoffnung macht.

Der Traum wird wahr:
Ein neuer Stern,
wie keiner klar,
erstrahlt von fern.

Ins Dunkel fällt
sein heller Schein.
In unsre Welt
zieht Frieden ein.

Die stille Nacht

Die Hirten lagerten zur Nacht
bei Bethlehem, dort, auf den Fluren.
Sie wussten, wie man Feuer macht,
doch hatten sie noch keine Uhren.
Sie kannten folglich nicht die Stunde.
Die Nacht – sie wurde plötzlich hell.
Da bellten ringsum alle Hunde.
Die Hirten reagierten schnell:
Sie sprangen ganz erschrocken auf.
Ein großer Engel war zu sehen.
Der sagte: „Ich bin Gabriel."
Er grüßte sie und gleich darauf
gab er ihnen zu verstehen,
dass er eine Botschaft bringe
und zwar vom hohen Himmelssaal,
von Gott, dem Schöpfer aller Dinge,
betreffend drüben ihren Stall.
In Bethlehem wär' leider heute
keines der Hotels mehr frei,
weswegen für zwei arme Leute
der Stall die letzte Zuflucht sei.

Der Engel sah die Hirten an:

„Maria heißt die Frau mit Namen,
Josef Davidson der Mann.
Als sie zu dem Schuppen kamen,
sind sie einfach eingedrungen
ohne euch zuerst zu fragen,
von den Umständen gezwungen,
in höchsten Nöten, will ich sagen.
Die Eile lässt sich leicht erklären,
da die Frau hochschwanger war.
Sie musste jetzt ihr Kind gebären.
Da half nichts andres, ist doch klar."

Die Hirten nickten einverstanden.
Der Fall lag ziemlich kompliziert.
Sie überlegten scharf und fanden:
Sowas ist hier noch nie passiert.

„Mit Verlaub …" Ein alter Mann,
er hieß mit Namen Jonathan,
räusperte sich erst ausführlich,
fasste Mut und sagte dann:
„Es ist bestimmt nicht ungebührlich,
wenn wir Hirten wissen wollen,

ob wir ihnen helfen sollen …“

Der Engel lächelte erfreut.
„Das wäre gar nicht ungeschickt.
Soeben hat“, sprach er erneut,
„das Kind das Licht der Welt erblickt.
Wenn jemand da was Gutes tut –
natürlich, klar, das reimt sich gut.
Die Eltern sind aus Nazareth.
Sie sind zwar arm, doch richtig nett.
Sie brauchen Hilfe, gute Gaben.
Das Einzige, was sie schon haben,
– in diesem Punkt bin ich mir sicher –
sind ein paar Windeln, ein paar Tücher.
Maria hat daran gedacht
und sie vorsorglich mitgebracht.
Ich ersuche euch, ihr Hirten,
die jungen Leute zu bewirten.
Ja wirklich, ja, das reimt sich fein!
Bestimmt fällt euch was Schönes ein!“

Weil die Freude, die er spürte,
den großen Engel inspirierte,

entfaltete er seine Schwingen
und begann, ein Lied zu singen:
„Aus der Jungfrau reinem Schoß
trat hervor ein junger Spross,
hier, nach Gottes ew'gem Rat,
in Bethlehem, der Davidstadt!"
Und noch weitre Engel kamen,
fielen ein und sangen: „Amen!
Ehre sei Gott in der Höhe.
In der Ferne, in der Nähe,
jedem Menschenkind hienieden
Wohlergehen, Glück und Frieden! …"

Als der Gesang zu Ende war,
war den Hirten eines klar:
Es musste schnellstens was passieren.
Sie durften keine Zeit verlieren.
Deshalb meinte Jonathan:
„Wir nehmen uns der Sache an!
Ich denke, das ist hinzukriegen."
Er bat die Engel, fortzufliegen.
„Wir schaffen das jetzt wohl allein.
So schwierig kann das ja nicht sein."

Abgeseh'n vom Sternefunkeln
saßen sie erneut im Dunkeln.
„Wir machen", meint Jonathan,
„am besten erst mal einen Plan.
Vor allem geht's um Praktisches,
dazu ein bisschen Taktisches.
Die Leute dort in unserm Stall
sind offenbar ein Sonderfall.
Das Ziel ist deutlich: Wir, die Hirten,
haben vor, sie zu bewirten,
so, dass sie und auch das Kind
hoffentlich zufrieden sind …"

Alle waren einverstanden.
Einige der Männer fanden,
man müsse auch die Frauen holen,
weil sie doch dabei sein sollen.
Genauso wurde es gemacht.
Es war noch immer tiefe Nacht.

„Wir müssen denen dort im Stall,
meine ich, auf jeden Fall
eine Ladung Kerzen bringen,

damit sie, wenn sie sonst nichts finden,
am Ende nicht das Stroh anzünden!“

„Ich lege schon mal ein paar Scheite
von unserm Brennholz auf die Seite.
Wir müssen dort ja Feuer machen
für heißen Tee und andre Sachen.
Natürlich draußen vor der Tür.
Das ist problemlos. Was meint ihr?“

„Ich denke, was nicht fehlen soll,
ist ein Gefäß mit Wasser voll.
Ich will mal gucken, ob ich dann
das Neugeborne baden kann.“

Jeder holte, was er fand.
Man zeigte praktischen Verstand.

„Wir dürfen eines nicht vergessen:
Sie brauchen dringend was zu essen!“
„Ich nehme Butter mit und Wurst.“
„Ich habe hier noch ein Stück Schinken.“
„Sie haben ganz bestimmt auch Durst!

Ich sorge mich um was zu trinken.“

Als alles vorbereitet war,
setzte sich die Hirtenschar,
bepackt mit mancherlei Verpflegung
in Richtung Viehstall in Bewegung.

Der alte Hirte Jonathan
hob seine Hand und klopfte an.
Da kam Josef an die Tür.
„Wir sind euretwegen hier.
Wir sind von Bethlehem, sind Hirten.
Wenn’s recht ist, woll’n wir euch bewirten.
Wir haben etwas nachgedacht,
das Nötigste schon mitgebracht …“
„Oh, gut, dass ihr gekommen seid!“,
rief Josef sichtlich hocherfreut.
„Euch schickt der Himmel! Gott sei Dank!
Maria, meine Frau, ist krank.
Sie hat heut Nacht ihr Kind geboren.
Ohne euch wär’n wir verloren …!“

Das war ein Wort wie ein Signal,
und schon geriet rund um den Stall
alles in Aktivität.
Die Männer nutzten ihr Gerät.
Die Frauen selbstverständlich auch.
Am Feuer qualmte weißer Rauch.
Schon brodelte es in den Töpfen.
Man konnte heißes Wasser schöpfen.
Man bestrich ein Brot mit Butter
für die arme junge Mutter.
Für Josef gab's ein Bier zu trinken;
dazu ein schönes Stück vom Schinken.
Von Beruf her Zimmermann
machte Josef sich daran,
ein paar Hölzer zu zerkleinern,
um ein Möbelstück zu schreinern …

Plötzlich aber hielt er inne
und sagte zu sich selbst: „Ich spinne.
Wir alle sind verrückt, wahrscheinlich.
Oh je, wie dumm, wie dreist, wie peinlich!
Maria ist von dem Getöse
voraussichtlich schon richtig böse!

Stopp ihr Leute! Haltet ein!
Wir müssen aufhör'n, leise sein!
Auch das Baby, frisch entbunden,
hat noch keinen Schlaf gefunden …"

Tatsächlich! Wie auf einen Schlag
war's ganz besinnlich, und es lag
tiefer Frieden, tiefe Stille
über Bethlehems Idylle.

Die Männer aber und die Frauen
wollten doch einmal geschwind
drinnen nach dem Baby schauen.
Sie betrachteten das Kind,
das in einer Krippe lag.
Der Stall war hell – so wie am Tag,
obwohl nur ein paar Kerzen brannten.
Die Hirten, bass erstaunt, erkannten:
„Dieses starke, leuchtend helle,
schöne Licht hat keine Quelle!
Es strahlt von selbst, von ganz allein.
Es muss wohl außerirdisch sein!"

Niemand hatte es mehr eilig.
Selbst die Luft schien still und heilig.
Alles glänzte voller Pracht.
Das war die stille,
die heilige Nacht.

Das Wunder

Heute, an Weihnachten – flüstert der Wind –
müsst ihr zur Krippe nach Bethlehem gehen!
Dort ist das Wunder der Wunder geschehen:
sichtbar und greifbar, ein hilfloses Kind.

Heilig ist – flüstert der Wind – diese Nacht.
Niemals zuvor hat man solches vernommen:
Gott ist als Mensch auf die Erde gekommen,
hat aller Welt seinen Frieden gebracht.

Heute, an Weihnachten – flüstert der Wind –
könnt ihr den Atem der Ewigkeit spüren.
Lasst euch von ihrem Geheimnis berühren!
Schenkt eure Herzen dem göttlichen Kind!

Diese Nacht

Freut euch, Schwestern, Brüder!
Heute, hier, in dieser Nacht
hat uns Gott, der Herr der Welten,
ein Geschenk gemacht:

Was vor vielen Jahren
dort in Bethlehem geschah,
wird von neuem gegenwärtig,
unter uns, ganz nah.

Engel sind erschienen,
sagen einen Frieden an,
wie ihn größer, tiefer, reicher
niemand denken kann.

Jesus ist geboren.
Die wir hier versammelt sind,
finden ihn in unsrer Mitte
als ein kleines Kind.

Seht doch, wie die Mutter
ihren Sohn in Windeln hüllt,
wie die Hoffnung aller Zeiten
sich in ihm erfüllt!

Unsre Herzen dürfen
jene Futterkrippe sein.
Sanft und zärtlich legt Maria
ihren Sohn hinein.

Freut euch, Schwestern, Brüder!
Diese wunderbare Nacht
hat uns Gott, der Herr der Welten
zum Geschenk gemacht.

In Bethlehems Stall

Das kleine Städtchen Bethlehem
unweit von Jerusalem
ist schon dreitausend Jahre alt.
Im Winter wird es dort sehr kalt,
weswegen man sogar den Tieren,
damit sie keinesfalls erfrieren,
aus Lehm, aus Ziegeln Ställe baut.
Viel Weideland, so weit man schaut.
Die Tiere fressen Heu und Stroh.
Das taten sie auch damals so,
in jenem denkwürdigen Jahr,
in dem Augustus Kaiser war.

An einem ganz bestimmten Tag,
der wohlgemerkt im Winter lag,
bewohnten einen von den Ställen
zwei eigenartige Gesellen:
ein Ochse, ziemlich groß und mächtig,
und ein Esel, klein und schmächtig,
ein seltsam wunderliches Paar,
das hier im Stall zu Hause war.
Die beiden hatten nichts zu tun,
als sich gemütlich auszuruhn

– von früh bis spät – und unterdessen
aus einer Krippe Heu zu fressen.
Der Ochse brummte ab und zu,
hob seinen Kopf und machte „Muhhh".
Der Esel war dem Gähnen nah.
Gelangweilt seufzte er: „I-aaa".

An jenem ganz bestimmten Tag,
der wie gesagt im Winter lag,
endete die Langeweile.
Zum Stall herein, in großer Eile,
kam eine Frau, dazu ein Mann.
Den fremden Leuten lag daran,
einen Unterschlupf zu finden,
um das Baby zu entbinden,
das die Frau, wie sie ja wusste,
hier und jetzt gebären musste.

Das Drama dauerte drei Stunden,
dann war der kleine Knirps entbunden.
Er tat den üblich ersten Schrei.
Das Ärgste also war vorbei.
Die beiden Tiere schauten zu.

Der Ochse brummte wieder: „Muhhh“.
Der Esel, nein, genauerhin
die kleine, graue Eselin,
beäugte alles, was geschah
und kommentierte es: „I-aaa,
das hab’ ich auch schon durchgemacht,
ein Fohlen auf die Welt gebracht …“

Als Nächstes machte sich der Mann
mit Umsicht und mit Fleiß daran,
ein Bündel Heu zu akquirieren
und in der Krippe zu platzieren.
„Ihr werdet“, sprach er zu den Tieren,
„uns unsre Not gewiss verzeihen
und uns den Futtertrog ausleihen …
Wir sind hier fremd, aus Nazareth.
Die Krippe soll das Kinderbett
für unser Neugebor’nes sein.
Wir wickeln es in Windeln ein
und legen es dann sanft hinein …“
Der große Ochse machte: „Muhhh“,
das hieß dann wohl: „Ich stimme zu.“
Die Eselin rief laut: „I-aaa!“,

was nur bedeuten konnte: „Ja!“
Weil sie es vernünftig fanden,
warn die Tiere einverstanden.

Auf einmal wurden sie gewahr,
dass eine große Hirtenschar
sich ihrem Stall genähert hatte.
Plötzlich stand sie auf der Matte.
Von einem Engel angesprochen,
war die Truppe aufgebrochen,
da es sie brennend int'ressierte,
was hier in dieser Nacht passierte.
Man drängelte zur Tür herein,
um möglichst nah dabei zu sein.

Der Ochse und die Eselin
erfassten erst mal nicht den Sinn.
Sie wunderten sich nur; doch dann
sah'n sie mit eignen Augen an,
wie die Hirten niederknieten
und allesamt in Trance gerieten.
Sie wirkten wie erregt, verzückt,
wie tief gerührt und ganz beglückt.

Die beiden Tiere, gar nicht dumm,
sah'n sich nach allen Seiten um.
Sie wollten wissen, was dabei
so rührend, so erbaulich sei.
Der Ochse sagte sich: „Ich tippe
auf das Baby in der Krippe.
Ja", dachte er, „das muss es sein!
Ich sehe einen Heil'genschein
um seinen kleinen Kopf herum …
Ich ahne schon, wieso, warum
die Hirten auf die Knie gehen.
Ich beginne zu verstehen …"

Die Eselin, sie schaute lieber
zu der jungen Mutter rüber
und staunte gleichfalls ungemein:
Auch sie trug einen Heil'genschein!
Das sonderbare Phänomen
war faktisch nicht zu überseh'n!
Die Eselin, das Tier, begriff,
warum die Hirten sich so tief,
so andächtig, so fromm verneigten
und derart große Ehrfurcht zeigten:

Gott selber hatte diese Nacht
zu einer heil'gen Nacht gemacht!

Unversehens wurde klar,
aus welchem Grund die Hirtenschar
hierher zum Stall gekommen war.
Der Ochse machte wieder „Muhhh.
Mir leuchtet ein, warum, wozu
die Hirten so voll Andacht sind:
Das Baby ist ein Himmelskind!"

Der kleinen, grauen Eselin
kam etwas andres in den Sinn.
„Ich sage nur ein Wort: I-aaa!
Wir beide war'n schon vorher da.
Die Hirten sind genaugenommen
eigentlich zu spät gekommen,
was natürlich dazu führt,
dass uns der erste Platz gebührt,
wenn davon geredet wird ..."

Es dämmerte, es wurde Tag.
Das Kind, das in der Krippe lag,

musste erst mal tüchtig schlafen.
Die Mutter durfte sich erholen.
Die Hirtenschar, auf leisen Sohlen,
ging zurück zu ihren Schafen.
Dem Ochsen fiel inzwischen ein,
es könnte durchaus nützlich sein,
ein wenig Warmluft durch die Nasen
in Richtung auf das Kind zu blasen.
Die kleine, graue Eselin
legte sich gemütlich hin.
Sie gähnte gut gelaunt „I-aaa!"
Das war das Letzte, was geschah.

Weihnachtsparade

Die Engel aus der Höhe wissen,
was sie der Welt verkünden müssen:
Überall soll Friede werden;
wie im Himmel, so auf Erden.

Die Hirten auf den Feldern wissen,
wo sie das Wunder suchen müssen:
Lasst nach Bethlehem uns gehen!
Dort im Stall ist es geschehen!

Die Tiere, Ochs und Esel, wissen,
weswegen sie zurückstehn müssen:
um für's Christkind Platz zu schaffen.
Es soll in der Krippe schlafen.

Am Firmament die Sterne wissen,
aus welchem Grund sie funkeln müssen.
Dunkelheit und Nacht durchdringen!
Augen zum Erleuchten bringen!

Die Glocken auf den Türmen wissen,
warum sie heute läuten müssen:
Ringsumher, nach allen Seiten
weihnachtlichen Klang verbreiten!

Und viele tausend Kerzen wissen,
wovon sie wortlos sprechen müssen:
von der Liebe, ihren Strahlen,
die in unsre Herzen fallen.

Drei Könige

Drei Könige forschen nach jenem Kind.
Ein Stern zieht vor ihnen her,
solange sie auf der Suche sind,
das freut, das ermutigt sie sehr.

Der Zeitpunkt ist richtig und richtig der Ort.
Es kann nur Bethlehem sein.
Sie finden den Stall und die Krippe dort,
erglänzend in heiligem Schein.

Die kundigen Könige kommen von fern.
Sie treten behutsam heran,
verneigen sich tief vor Gott, dem Herrn,
und beten das Jesuskind an.

Sie bringen voll Ehrfurcht, mit feinem Gespür
Gold, Weihrauch und Myrrhe dar.
Dem ganzen Erdkreis wird jetzt und hier
der Heiland offenbar.

Die Weisen aus dem Morgenland

Wissenschaftler sind bis heute
ziemlich argwöhnische Leute.
Sie glauben nichts, oder nicht viel,
durchschauen schnell ein falsches Spiel
und prüfen alles kritisch nach.
Das gehört zu ihrem Fach.

So war's auch früher bei den Alten.
„Man muss sich an die Wahrheit halten",
erklärte deshalb Balthasar,
der einer der drei Forscher war,
genauerhin der Kopf der Gruppe,
jener ehrenwerten Truppe,
die – kommend aus dem Morgenland –
sich auf Erkundungsfahrt befand.

Die beiden andern nannten sich
Kaspar und Melchior. Sie kannten sich
von diversen Forschungsreisen.
Bezeichnet auch als die „Drei Weisen"
genossen sie im Altertum
einen fabelhaften Ruhm.

Die Gruppe hatte sich auch jetzt
aus gutem Grund in Marsch gesetzt.
Es gab ein Himmelsphänomen.
Jeder hatte es geseh'n.
Man stimmte darin überein.
Es schien ein neuer Stern zu sein,
ein Himmelskörper hell und klar,
sehr rätselhaft und sonderbar.
Kein Fixstern – so wie all die andern –
schien er am Firmament zu wandern.
Er strahlte nachts für ein paar Stunden,
war aber über Tags verschwunden,
weshalb die Weisen mit Bedacht
beschlossen, jeweils in der Nacht
auf den vom Stern erhellten Wegen
ein gutes Stück zurückzulegen.

Praktisch ohne ein Problem
erreichten sie Jerusalem,
wo Herodes König war.
„Wie seltsam", meinte Balthasar,
„dass wir hier den Stern nicht sehen …
Um der Sache nachzugehen,

sollten wir Quartier beziehen
und uns dann um Rat bemühen,
die Reise also unterbrechen,
um beim König vorzusprechen …“

Die Partner waren einverstanden,
weil sie den Vorschlag richtig fanden.
Sie wurden also solchermaßen
bei Herodes vorgelassen.
Da sich der König interessierte,
was in seinem Reich passierte,
berichteten die Weisen gern
von ihrem jüngst entdeckten Stern,
und der König rief darum
sein Schriftgelehrten-Gremium.
Schell brachten diese klugen Männer
das Problem auf einen Nenner:
„Wenn eines Tags, sagt der Prophet,
ein neuer Stern am Himmel steht,
bedeutet das, dass es geschieht,
dass Davids Stamm von neuem blüht;
aus dem Wurzelstock empor
bricht ein neuer Spross hervor.

Der Prophet spricht außerdem
von der Kleinstadt Bethlehem …“

Die Weisen aus dem Morgenland
erfuhren so aus erster Hand
von jenem Spross, dem Davidsohn.

Der König stieg von seinem Thron.
Ihm kamen finstere Gedanken.
„Vielleicht gerät mein Thron ins Wanken …
Ein neuer Stern? Das kann nicht sein!
Darauf lass ich mich nicht ein!“
Er bat die Weisen, bat die Drei:
„Kommt unbedingt noch mal vorbei!
Sucht mit Eifer nach dem Knaben,
von dem sie euch berichtet haben!
Findet ihr demnach das Kind,
informiert auch mich geschwind!
Wir Könige, nicht wahr, wir müssen
in solchen Fällen alles wissen …“

Herodes wirkte jetzt verbiestert,
und sein Gesicht erschien verdüstert.

Die Weisen aus dem Morgenland
verbeugten sich daher galant
und verließen den Palast
in großer Eile, wie in Hast …

„Am besten“, meinte Balthasar,
„besuchen wir nun den Bazar,
weil sie gewiss dort für den Knaben
die richtigen Geschenke haben.
Für den Spross aus Davids Haus
suchen wir was Schönes aus
und verstauen es dann schnell
auf unsrem Lasttier, dem Kamel.“

Als dieser Punkt erledigt war,
beriet sich Meister Balthasar
ein weit’res Mal mit den gelehrten,
himmelskundigen Gefährten.
„In welche Richtung woll’n wir gehen?
Der Stern ist leider nicht zu sehen!“

„Dass man ihn nicht sehen kann,
liegt wahrscheinlich nur daran,

dass Jerusalem, die Stadt,
überall Laternen hat.
Sie blenden uns. Bei solchem Licht
sieht man halt die Sterne nicht …"

Melchior nickte: „Ja, das stimmt!
Wer den Weg stadtauswärts nimmt,
kommt schon bald ins freie Feld.
Wenn man die richt'ge Straße wählt,
gelangt man zu der kleinen Stadt,
die man uns ausgedeutet hat."

„Bethlehem, ja, selbstverständlich!
Das ist der Ort, wahrscheinlich ländlich,
wo viele Menschen Hirten sind.
Dort suchen wir besagtes Kind!"

Als die Drei durchs Stadttor kamen
und dann den Weg nach Süden nahmen,
war's abermals schon tiefe Nacht.
Der Sternenhimmel, welche Pracht!
Sie hoben ihre Augenlider
und siehe da! Da war er wieder,

der neue Stern, ganz hell und klar!

„Seht doch nur!“, rief Balthasar
und schlug vor Freude in die Hände:
„Sein Glanz erleuchtet das Gelände!
Kein Zweifel! Dieses Phänomen
ist nicht ohne Grund gescheh’n.
Deuten wir die Dinge richtig,
ist sein Erscheinen äußerst wichtig!
Ein neuer Spross, ein neuer Stern,
von dem wir Wunderbares hör’n.
Was wir hier und jetzt erleben,
hat es nie zuvor gegeben!
Kein Auge hat es je gesehen.
Ein wahrhaft himmlisches Geschehen!
Kein Ohr hat es bislang vernommen:
Ein Kind ist auf die Welt gekommen,
ist neugeboren, wie wir wissen,
ein Knabe, den wir suchen müssen!“

Kaspar, in dem Bund der Dritte,
hatte eine ernste Bitte:
„Freunde, lasst uns nüchtern bleiben!

Ein Forscher darf nichts übertreiben!
Hier und überall auf Erden,
quer durch alle Schichten werden
nach statistischen Faktoren
ständig Kinder neugeboren."

„Du hast recht!", warf Melchior ein.
„Wir Forscher müssen skeptisch sein.
Einzig, was wir wirklich sehen,
kann vor der Vernunft bestehen …
Doch, meine Freunde, schaut nur: Dort
liegt Bethlehem, der kleine Ort.
Unser Stern, unser Begleiter
scheint still zu steh'n, zieht nicht mehr weiter!
Er sinkt hernieder! Gradeaus
bezeichnet er ein kleines Haus.
Geh'n wir hin, geh'n wir hinein!
Hier muss der Spross, der Knabe sein!"

Es waren nur noch ein paar Schritte.
Sie betraten diese Hütte,

die ärmlicher nicht ausseh'n konnte.
Wie in einem Viehstall wohnte
darin ein Paar mit seiner Habe
und – eben – der gesuchte Knabe.

Melchior aber lief jetzt schnell
noch mal nach draußen zum Kamel
und holte eilends jene drei
Geschenke für das Kind herbei:
Gold und Weihrauch, dazu Myrrhe.
Die drei Forscher zeigten ihre
Freude über was sie sahen
und die Dinge, die geschahen,
indem sie ihre Knie beugten
und sich ehrfürchtig verneigten.

Draußen dämmerte der Tag.
Das Kind, das in der Krippe lag,
öffnete die Augen und
bewegte lächelnd seinen Mund.
Da nahm die Mutter ihren Spross

voll Zärtlichkeit auf ihren Schoß.
Das Kind jedoch hob seine Hand
und segnete die kleine Schar,
die Weisen aus dem Morgenland:

Kaspar
und Melchior
und Balthasar.

Sonnenwende

Die Tage dauern wieder länger,
wobei die Nächte kürzer sind.
Der Winter allerdings wird strenger,
bevor die Sonne Kraft gewinnt.

Von Wärme, starken Energien,
von Strahlen aus dem All gespeist,
kann auf der Erde Leben blühen,
wenn nur der Zyklus nicht entgleist.

Uns trägt die Hoffnung, dass sich wendet,
was unserm Glück entgegensteht,
dass Güte, Menschlichkeit nicht endet,
dass unsre Welt nicht untergeht.

Zu Ende geht das alte Jahr

Zu Ende geht das alte Jahr.
Bis jetzt ist, was uns zugemessen,
was abverlangt, gefordert war,
durchaus noch nicht vergessen.

Es bleibt uns in Erinnerung,
was wir erdulden, tragen mussten,
manch leidvolle Erschütterung,
Enttäuschung bei Verlusten.

Wir schauen andrerseits zurück
auf ungezählte frohe Stunden,
in denen wir schon unser Glück,
Frieden und Trost gefunden.

Wir geben uns in jene Hand,
die alles Weltgeschehen leitet,
die Zukunft schenkt und Fortbestand,
das neue Jahr begleitet.

Die große Uhr

Die große Uhr steht ungerührt
seit eh und je in unsrem Zimmer.
Zur vollen Stunde schlägt sie immer.
Ob sie denn niemals müde wird?

Ich mochte sie bereits als Kind.
Ihr zuzusehn, sie anzuschauen
gab mir so etwas wie Vertrauen.
Wie ehrlich ihre Stunden sind!

Zu Neujahr, am Silvestertag,
war's bei uns üblich, sie zu schmücken,
sie in den Mittelpunkt zu rücken.
Verlässlich ging ihr Pendelschlag.

Den ganzen Abend saßen wir
ihr zugewandt im Kreis und sprachen
vom Schicksal und von solchen Sachen,
die beiden Zeiger im Visier.

Die Zeit vergeht. Was bleibt zurück?
Wir Kinder hatten viele Fragen.
Die Eltern wussten nur zu sagen,
sehr wankelmütig sei das Glück.

Dann endlich, als es soweit war,
ließ unsre Uhr zwölf Schläge hören.
Wir schwiegen, um sie nicht zu stören.
Sie schenkte uns ein neues Jahr.

Lyrik Station

Die Bezeichnung LYRIK STATION deutet ein rhythmisches Muster an: Wer unterwegs ist, braucht eine Rast, wer in einen Arbeitsprozess eingespannt ist, eine Pause. Tag und Nacht wechseln einander ab. Das Jahr kreist in seinem Zyklus.

Lyrische Texte, Gedichte, eignen sich wegen ihrer komprimierten Form, bei Unterbrechungen aller Art spirituelle Impulse zu vermitteln. Allein oder in der Gruppe kann ein geeigneter Text privat gelesen oder den Anwesenden vorgetragen werden. Solche Haltepunkte erheben den Geist und erhellen den Alltag. Festveranstaltungen gelten als Wegzeichen auf der Fahrt durch das Leben.

Der Autor

Arno Dähling, geboren 1946 in Bocholt, gehört dem Orden der Kapuziner an.

www.arnod.de
www.kapuziner.de

Von Arno Dähling bisher erschienen:

Halte inne, nimm dir Zeit – Liedtexte und Meditationen
ISBN 3-7698-1455-X

Spiegelbilder. Gedichte durch die Jahreszeiten
ISBN 3-7698-1561-0

Wunder über Wunder. Gedichte zur Weihnacht
ISBN 3-7698-1649-5

Duft und Dornen. Ein lyrischer Rosenreigen
ISBN 9783-7698-1734-8

Himmelsdinge. Ein lyrischer Bilderbogen
ISBN 978-3-7698-1845-1

Adagio. Ein lyrisches Konzertprogramm
ISBN 978-3-7698-1991-5

Meditation. Eine poetische Handreichung
ISBN 973-3-8422-4355-2